ÉTUDE

SUR LE

Hounn-Ho Inférieur

*Son delta, son confluent avec le Pei-Ho
et les relations
qui existent entre ses apports alluvionnaires et l'avenir
du port fluvial de Tien-Tsinn*

PAR

LE LIEUTENANT SERVAGNAT

(Extrait de la *Revue des Troupes coloniales*.)

AVEC 6 CROQUIS DANS LE TEXTE

PARIS

HENRI CHARLES-LAVAUZELLE
Éditeur militaire
10, Rue Danton, Boulevard Saint-Germain, 118

(MÊME MAISON A LIMOGES)

ÉTUDE

SUR LE

HOUNN-HO INFÉRIEUR

ÉTUDE

SUR LE

Hounn-Ho Inférieur

Son delta, son confluent avec le Pei-Ho
et les relations
qui existent entre ses apports alluvionnaires et l'avenir
du port fluvial de Tien-Tsinn

PAR

LE LIEUTENANT SERVAGNAT

(Extrait de la *Revue des Troupes coloniales.*)

PARIS
HENRI CHARLES-LAVAUZELLE
Éditeur militaire
10, Rue Danton, Boulevard Saint-Germain, 118

(MÊME MAISON A LIMOGES)

ÉTUDE

SUR LE

HOUNN-HO INFÉRIEUR

APERÇU DE L'HYDROGRAPHIE GÉNÉRALE DE LA RÉGION COMPRISE ENTRE TIEN-TSINN ET PÉKIN

L'ensemble des rivières importantes qui, dans cette région, versent leurs eaux dans le Pei-Ho, est le suivant :

1° Le Cha-Ho, qui draine le pays au nord de Pékin. (Croquis *a*) ;

2° Le Ta-Tsinn-Ho, qui collecte les eaux de Pao-Ting-Fou, et qui, dans la dernière partie de son cours, emprunte maintenant le lit du Tseu-Ya-Ho, rivière qui groupe les eaux du Tcheng-Ting-Fou et du Ho-Kien-Fou ;

3° Le canal impérial, qui vient en droite ligne du Shan-Toung ;

4° Le Hounn-Ho, qui coule du nord-ouest et qui, dans le voisinage de son confluent, est grossi du Fong-Ho.

Le Pei-Ho reçoit la première à Tong-Tchéou, et les trois autres dans le voisinage de Tien-Tsinn.

Dans cette étude, nous nous occuperons du Hounn-Ho et de ses déplacements successifs, particulièrement de la partie basse de son cours, et de l'influence que cette rivière peut avoir sur l'avenir du port fluvial de Tien-Tsinn.

Cours actuel du Hounn-Ho.

Le Hounn-Ho, ou « rivière trouble », vient des confins nord-ouest du Shan-Si, de la région des lacs Dai-Cha-Nor et Kir-Nor, situés approximativement entre Koei-Hoa-Ting et Kalgan (Croquis *b.*)

Koei-Hoa-Ting est une préfecture qui se trouve à moins de cent cinquante kilomètres à l'est du coude gi-

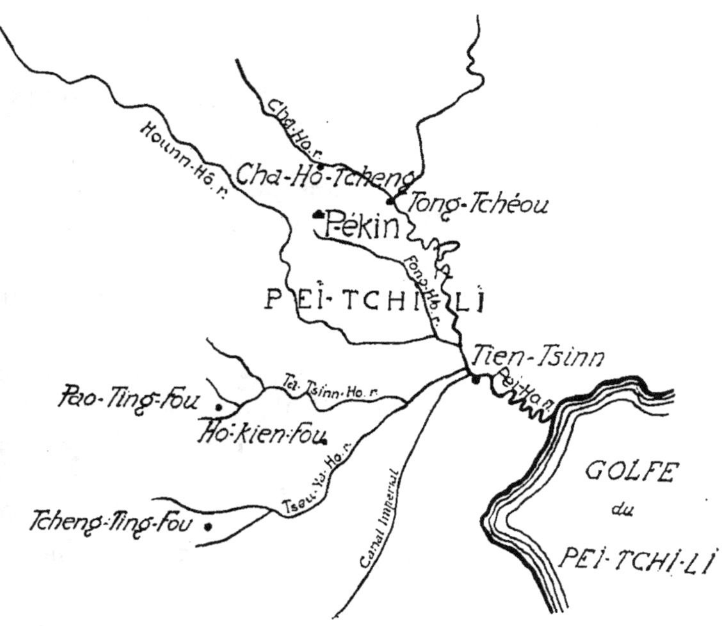

Croquis *a.*

gantesque que fait le Hoang-Ho vers le sud dans son cours supérieur. Kalgan est connue de tout le monde, depuis la colonne malheureuse qu'y firent les Allemands au cours de la dernière campagne.

Le Hounn-Ho est formé du groupement de toutes les

rivières qui viennent soit de Kalgan, au nord-est, soit de Tchang-Kao, au sud-ouest. Il ne prend le nom de Hounn-Ho qu'au moment de quitter le Sien-Hoa-Fou pour entrer dans le Pei-Tchi-Li, en franchissant la grande muraille par la passe appelée Yang-Yen-Kéou. La direction générale du Hounn-Ho est N.-O. - S.-E.

La longueur de son cours est d'environ huit cents kilomètres.

Dans le Pei-Tchi-Li, où il est aussi connu sous le

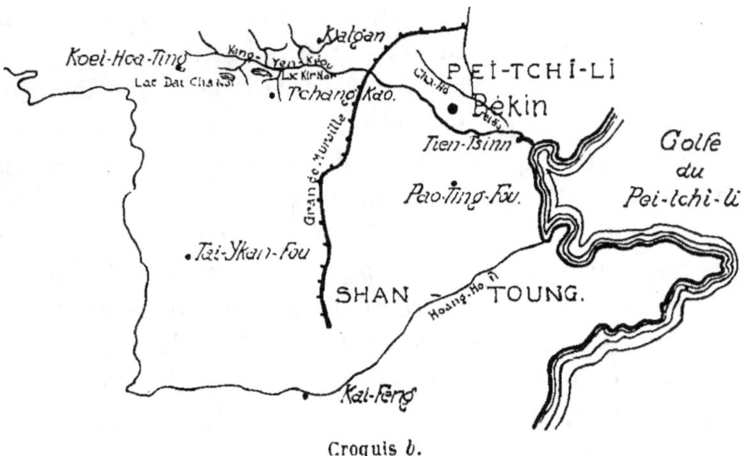

Croquis *b*.

nom de Young-Ting-Ho, « fleuve au cours éternellement indéterminé », il passe par seize kilomètres dans l'ouest de Pékin, à Lou-Kou-Kiao, sous le pont célèbre de Marco-Polo (1). Il laisse Kou-Ngan-Shien et Young-Tsing-Shien, au sud de sa rive droite, et arrive au Pei-Ho, à six kilomètres en amont de Pei-Tsang, après s'être épanoui, dans ses derniers soixante kilomètres, en un vaste delta.

------

(1) Lorsque fut construit le pont, ce n'était pas le Hounn-Ho qui passait à Lou-Kou-Kiao, mais une autre rivière, le Ting-Ho, dont plus tard le Hounn-Ho emprunta le thalweg.

DELTA DU HOUNN-HO

Généralités.

L'ensemble du delta du Hounn-Ho forme un vaste triangle, dont la masse surplombe la plaine environnante.

Dans sa région ouest, le delta, dont les cartes sont jointes à la présente étude, commande le niveau moyen du sol du Pei-Tchi-Li, d'environ cinq mètres.

Il est incliné faiblement à l'est jusque vers le Pei-Ho où il arrive de plain pied sur la rive droite, alors que tout le terrain qui borde la rive gauche du fleuve est en contre-bas d'environ deux mètres.

Le sol a, d'autre part, sur la rive gauche du fleuve, dans la section comprise entre Tien-Tsinn et Yang-Tsounn, une pente régulière vers le nord-est, et les eaux s'y écoulent par le Ta-Ho-Tien, le Tsi-Li-Hai, et les dérivations qui mènent à la mer, par le Pei-Tang-Ho, les eaux de ces deux grands marais. (Croquis *c*).

C'est cette particularité de nivellement que les chinois ont utilisée pour établir, sur la rive gauche du Pei-Ho, des déversoirs de trop-plein, sortes de larges canaux, en temps ordinaire séparés du fleuve par de légers barrages, qu'il suffit de rompre, pour permettre la dérivation vers le nord-est d'une partie des eaux du Pei-Ho, lorsque le niveau de ce dernier atteint, aux crues, une hauteur menaçante pour la sécurité de Tien-Tsinn. (Croquis *c*.)

Mais il faut remarquer que, si la pente du terrain est nord-est pour la partie comprise entre Yang-Tsounn et Tien-Tsinn, elle est sud-est pour l'ensemble de la plaine du Pei-Tchi-Li.

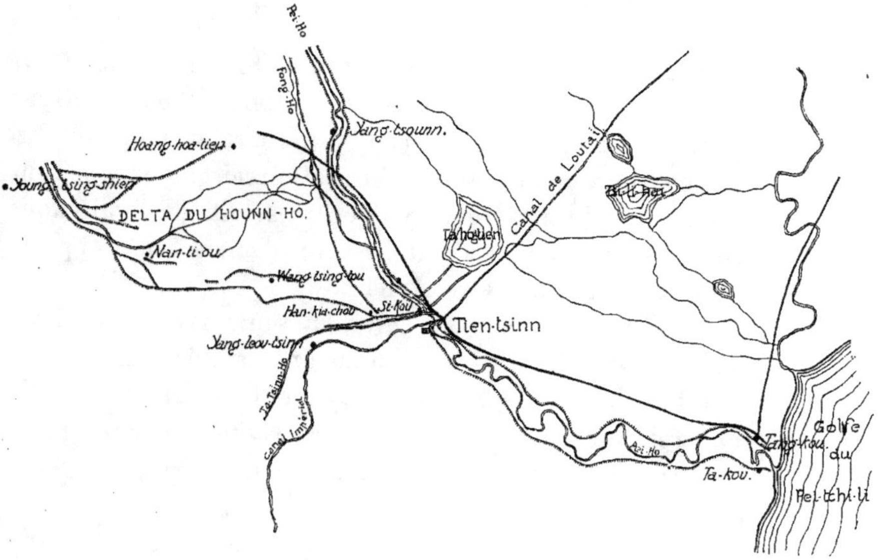
Pei-Ho
Fong-Ho
Yang-tsounn.
Hoang-hoa-tien
Young-tsing-shien
DELTA DU HOUNN-HO.
Nan-ti-ou
Wang-tsing-tou
Han-kia-chou
Si-Kou
Tien-tsinn
Yang-leou-tsinn
Canal Impérial
Canal de Loutai
Pei-Ho
Ta-kou.
Tang-kou.
Golfe du Pei-tchi-li

Croquis c.

Si les eaux qui s'écoulent vers le Ta-Ho-Tien et le Tsi-Li-Hai, venant de Tien-Tsinn, font un crochet vers le nord, elles ne tardent pas, pour gagner la mer, à reprendre la direction sud-est.

Relèvement du terrain sur la rive droite du Pei-Ho.

Nous venons de voir que le niveau moyen du sol, rive droite, surplombait le niveau moyen du sol, rive gauche, tout au moins dans le voisinage du confluent du Hounn-Ho.

Comme le lit du Pei-Ho est, en cette partie, plus élevé que la plaine dont il est séparé seulement par sa digue Est, nous en concluons, qu'il y a eu relèvement du lit. Et ce relèvement étant constaté précisément au confluent du Hounn-Ho et jusque très loin en aval, nous sommes amené à l'attribuer uniquement aux apports alluvionnaires de cette rivière.

Le Hounn-Ho est, en effet, la seule rivière du Pei-Tchi-Li, qui transporte d'importants matériaux.

« Le Cha-Ho, le Ta-Tsinn-Ho, le Tseu-Ya-Ho, — dit une relation chinoise, — sont des rivières « sales »; le Hounn-Ho, seul, contient en abondance du sable dans ses eaux. »

Pendant presque la totalité de son cours actuel dans le Pei-Tchi-Li, le Hounn-Ho a une pente suffisante pour pouvoir charrier ses alluvions sans trop exhausser son lit. Mais, dès que cette rivière arrive en terrain plan, ses eaux, perdant leur vitesse, déposent la plus grande partie des matériaux qu'elles ont en suspension, et produisent l'immense amas sableux qui constitue son delta.

Comme, au fur et à mesure des dépôts, les couches horizontales annuelles se superposent, elles remontent, ou plutôt elles prennent naissance de plus en plus haut dans son thalweg, ainsi que peut nous le montrer la figure ci-dessous, dans laquelle, en projection verticale, *a b* représente le thalweg du Hounn-Ho, *b c g' h*, le fossé du Pei-Ho, et *i i'*, *d d'*, *e e'*, *f f'*, *g g'*, les dépôts successifs.

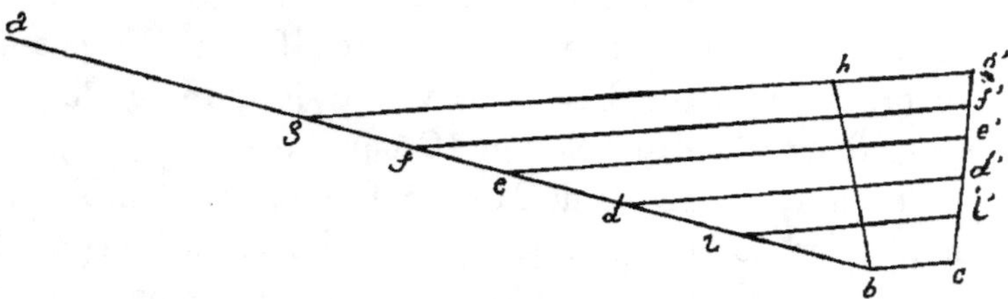

Le simple examen de la figure indique que la couche alluvionnaire, donc le delta du Hounn-Ho, tend, en s'épaississant, à prendre ses origines de plus en plus loin du Pei-Ho.

Tout en déposant une grande partie de ses alluvions avant d'arriver au fleuve, le Hounn-Ho lui en amène néanmoins une notable quantité. Ces apports sont une menace constante, non seulement pour la navigabilité du Pei-Ho, mais encore pour la stabilité de son cours.

Il est à craindre que l'encombrement produit dans le lit du fleuve ne puisse être compensé par la puissance d'évacuation de son courant, et que, par suite, le Péi-Ho ne soit tout au moins envasé, peut être même rejeté hors de sa digue Est, ainsi que nous le verrons plus loin, après avoir étudié les déplacements successifs du Hounn-Ho.

Historique de la rivière.

Autrefois, dit la tradition chinoise, le Hounn-Ho, il y a plus de mille ans, était tributaire du Hoang-Ho, qu'il joignait probablement vers le grand coude dont nous parlions plus haut. (Croquis *b*.)

Pendant une année de pluies torrentielles, à une date

qu'il est impossible de déterminer exactement, le
Hounn-Ho prit sa pente vers le sud-est et devint vassal
du Pei-Ho, par l'intermédiaire du Cha-Ho. (Croquis
b.)

Sous l'empereur Houng-Tcheu, qui vivait dans les
dernières années du xv° siècle, le Hounn-Ho passait
encore au nord de Pékin, et venait joindre le Cha-Ho
en aval de Cha-Ho-Tcheng. (Croquis *a*.)

Peu après le règne de Houng-Tcheu, ayant probablement colmaté la dépression qui l'unissait au Cha-Ho, le
Hounn-Ho abandonna subitement son cours pour se di-
riger vers le sud et se jeter dans le Ta-Tsinn-Ho, en passant à l'ouest de Pa-Tchéou.

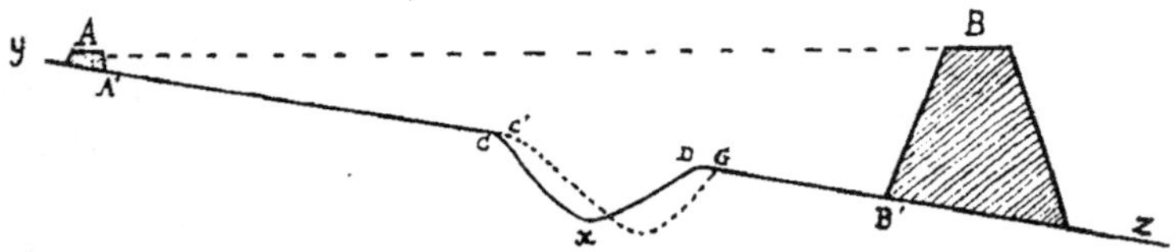

Depuis cette époque, nous pouvons suivre plus exactement sa marche dans le Pei-Tchi-Li.

Mais, auparavant, il est utile d'examiner les consé-
quences de la particularité de nivellement que présente
le pays et à laquelle nous avons déjà fait allusion.

Nous voulons parler de sa pente naturelle.

Il résulte de l'inclinaison régulière du Pei-Tchi-Li,
vers le sud-est, que, en ce qui concerne le Hounn-Ho,
c'est dans le voisinage de la rive droite que les eaux,
souvent, ont le moins de profondeur, donc le moins de
courant, et que, par suite, c'est contre la digue ouest
qu'elles déposent le plus. D'où tendance du lit à se
rapprocher continuellement de la digue est (1).

---

(1) Ceci demandant explication, voyons comment se comporte,
théoriquement, un cours d'eau endigué qui suit un thalweg
creusé sur un terrain incliné. Soit *yz* le terrain incliné, supposé

Mais, en même temps que se déplace latéralement le lit, il s'élève, au fur et à mesure des dépôts, ce qui nécessite la surélévation annuelle des digues.

Cette surélévation atteint bientôt une limite où la protection exercée par les digues devient des plus précaire et où leur forcement ne dépend plus que d'une faible crue.

C'est ce qui s'est de tout temps produit. Dans le courant du siècle, les digues du Hounn-Ho furent forcées en de multiples points.

Si la rupture se produisait sur la digue ouest, par suite du relèvement du sol de ce côté, elle ne donnait comme résultat qu'un vaste lac, où les eaux trouvaient un écoulement assez laborieux.

Si le forcement avait lieu, au contraire, sur la digue Est, celle de la rive gauche, la pente du sol appelait la rivière, et le résultat habituel était un changement souvent définitif du cours du Hounn-Ho, à partir du point où s'était produit la rupture.

Il y a cinquante ans environ, un Tao-Tai de Tien-Tsinn fit construire une digue, sur la rive gauche du

---

coupé par un plan vertical; A et B sont les digues qui limitent le lit majeur de la rivière ; C et D marquent le fossé du lit mineur; x est l'axe de ce lit. A la période des crues, le fleuve occupe son lit majeur, et ses eaux couvrent tout l'espace compris entre ses digues AB. Nous savons que les eaux qui composent le courant d'une rivière sont animées de vitesses d'autant plus rapides qu'elles correspondent à des thalweg plus profonds. C'est selon l'axe x du fossé CD que les eaux, par conséquent, ont le plus de vitesse. Elles ont encore quelque rapidité dans la partie basse DB' du lit majeur ; c'est dans la partie A'C, la moins profonde, qu'elles coulent le plus lentement. Donc, c'est dans cette partie qu'elles déposent le plus ou qu'elles creusent le moins, selon le régime du cours d'eau. Il résulte de cela qu'après chaque période de crues, le lit de la rivière se trouve creusé du côté DB', où les eaux sont animées du plus fort courant, selon la ligne pointillée C'G (figure). La partie basse DB' du lit majeur est donc entamée périodiquement par le lit mineur, qui, chaque année, se rapproche de B'.

Hounn-Ho, passant par Young-Tsing-Shien, au sud de Wang-Tsinn-Touo, et allant tomber sur le Ta-Tsinn-Ho, à l'ouest du village de Han-Kia-Chou.

C'était, pour toute la partie de la digue qui s'étend au nord-ouest de Han-Kia-Chou, un tracé sensiblement parallèle à celui de la digue qui limite actuellement le bord ouest du delta.

Nous verrons plus loin qu'il fut, quelques années plus tard, construit une nouvelle digue, rive droite, entre ces deux dernières.

Le Hounn-Ho de cette époque joignait le Ta-Tsinn-Ho vers Yang-Leou-Tsinn, et les deux rivières unies, suivant à quelques kilomètres plus au nord un cours à peu près parallèle à celui du Ta-Tsinn-Ho actuel, se jetaient dans le Pei-Ho, en passant sous les trois ponts qui se trouvent en amont de Ting-Tzeu-Kou. (Croquis *d*.)

Une digression est maintenant nécessaire pour faire comprendre comment le cours du Ta-Tsinn-Ho, connu sous le nom de Chang-Si-Ho dans sa partie inférieure, fût amené à dévier vers le sud et à se séparer du Hounn-Ho, avec lequel il confluait autrefois, ainsi que le relatent les vieilles cartes chinoises de la région. (Croquis *d*.)

Étude des causes qui ont amené la séparation du Hounn-Ho et du Ta-Tsinn-Ho.

Une rivière dont nous avons déjà parlé brièvement, le Tseu-Ya-Ho, appelé Hia-Si-Ho, dans le voisinage de Tien-Tsinn, coulait, vers le milieu du siècle, parallèlement au Canal Impérial, depuis Pei-Yang-Kiao.

Il passait par Wang-Kia-Kou, au nord de Tou-Léou, de Yang-Leou-Tsinn, et venait se jeter dans le Péi-Ho, à Si-Kou, là où est le pont de fer en dos d'âne, sous lequel passe maintenant le Ta-Tsinn-Ho, grossi du Tseu-

Ya-Ho, appelé encore, de l'ancien nom, Hia-Si-Ho. (Croquis *d.*)

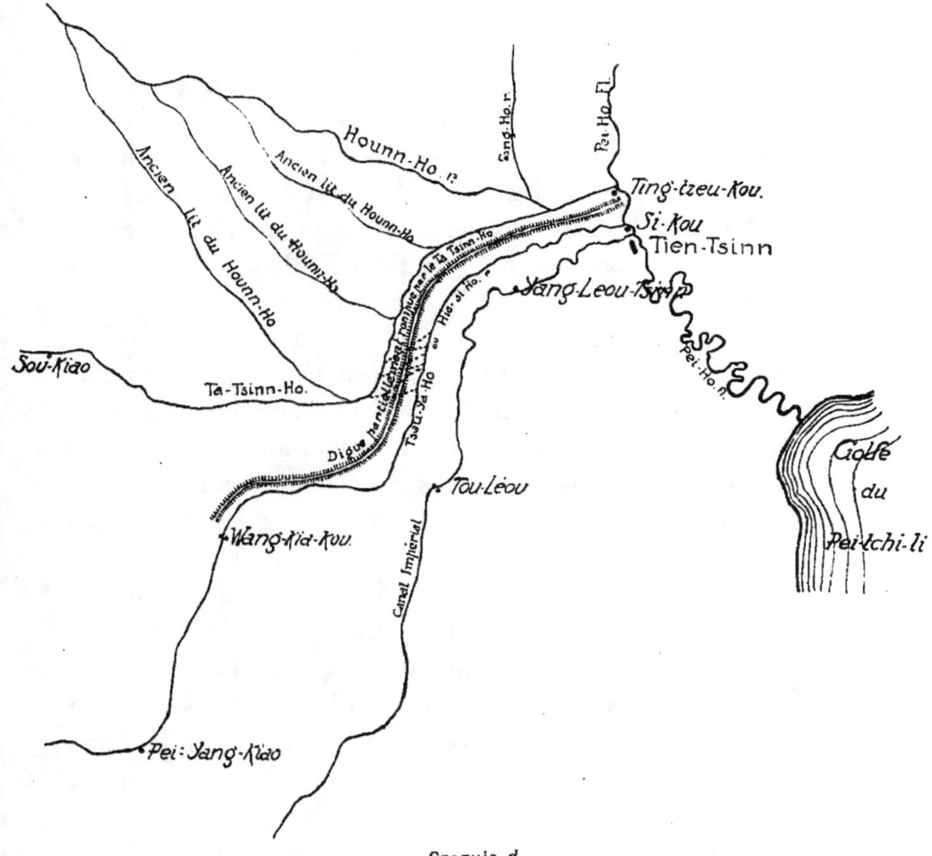

Croquis *d*

C'est, depuis Tou-Leou (1), le cours actuel du Ta-Tsinn-Ho.

Vers le milieu du siècle, une digue courait entre ces deux rivières, les séparant, mais, alors que le lit du Ta-

---

(1) Nous voulons dire à hauteur de Tou-Leou, car le Ta-Tsinn-Ho ne passe pas à Tou-Leou. Nous avons pris cette ville comme point de repère, parce que le cours du Ta-Tsinn-Ho n'est jalonné par aucun village important.

Tsinn-Ho, s'élevait progressivement, dans son cours inférieur, par suite des dépôts du Hounn-Ho, le Tseu-Ya-Ho, qui est sale, mais qui ne charrie pas, ne subissait, dans son lit, aucune modification.

Au bout de quelques années, il se trouva que toute la bande endiguée où courait le Ta-Tsinn-Ho, grossi du Hounn-Ho, fut en surplomb de celle du Tseu-Ya-Ho.

Il y a trente-huit ans, une crue exceptionnelle amena le forcement de la digue sud du Ta-Tsinn-Ho, à l'ouest de Yang-Leou-Tsinn, et les eaux de cette rivière s'écoulèrent partie par le cours du Tseu-Ya-Ho, partie par le lit ancien.

Le résultat de cette situation fut qu'une quantité d'eau moindre coula dans le lit du Hounn-Ho, qui, lui, n'avait pas changé; son courant diminua, et, conséquemment, la quantité d'alluvions abandonnées augmenta. Alors, le fond s'éleva rapidement, plus rapidement qu'il ne s'élevait lorsqu'il recevait intégralement les eaux du Ta-Tsinn-Ho.

Bientôt, l'épaisseur de la couche alluvionnaire fut telle, qu'aux basses eaux, le lit mineur du Hounn-Ho se trouva complètement séparé de celui du Ta-Tsinn-Ho, et, par suite, ce dernier, ne pouvant plus utiliser même partiellement, son ancien thalweg obstrué par le Hounn-Ho, emprunta, pour la totalité de ses eaux, le cours du Tseu-Ya-Ho.

Cet ancien thalweg, très visible, mais garni d'eaux seulement aux pluies, conserve toujours le nom de Chang-Si-Ho.

Conséquences de la séparation du Hounn-Ho et du Ta-Tsinn-Ho.

De l'élévation progressive du sol dans la région où le Hounn-Ho conflue avec le Pei-Ho, et, plus au sud, résulta, pour le premier, la nécessité d'émigrer peu à peu vers le nord, où seulement il trouvait de la pente.

Il y a trente-quatre ans, un autre Tao-Tai de Tien-Tsinn enserra le Hounn-Ho entre deux digues, dont une, celle de la rive droite, avait sensiblement, à moins d'un kilomètre près, le tracé de la digue actuelle, et le suivait même en de nombreuses parties.

Elle passait au nord de Young-Tsing-Shien, au sud de Wang-Tsinn-Touo et de Tchoung-Keou-Tao, par Han-Kia-Chou, et se terminait à Ting-Tzeu-Kou. (Croquis *e*.)

La digue nord-est se raccordait à la digue de la rive gauche du Hounn-Ho, à hauteur de Young-Tsing-Shien. Elle passait à cinq cents mètres au sud de Nan-Ti-Ou, et à moins de trois kilomètres au nord de Wang-Tsinn-Touo. (Croquis *e*.)

Mais, en même temps que la pente manquait au Hounn-Ho pour lui permettre de charrier tout son sable, l'espace qui lui était laissé pour déposer ses alluvions était par trop restreint. En moins de vingt ans, le lit de la rivière fut élevé de quatre mètres dans la partie ouest de son delta actuel, et, en 1889, à la suite d'une forte crue, la digue sud-ouest fut rompue, à deux kilomètres au sud-est de Siao-Liou-Tchoang, et une partie de la rivière s'en fut divaguer jusque vers Pa-Tcheou.

Une contre-digue fut aussitôt construite, encerclant la coupure, et la rivière, rejetée dans son lit primitif, avec la totalité de ses eaux, put continuer le travail d'exhaussement de sa vallée.

L'année suivante, le Hounn-Ho emporta la digue nord-est, celle de sa rive gauche, et vint divaguer librement dans la plaine basse comprise entre Wang-Tsinn-Touo et Hoang-Hoa-Tien. (Croquis *e*.)

Alors, une nouvelle digue fut construite, dans une direction est-ouest cette fois, laissant à la rivière une vaste surface d'épanouissement. C'est celle qui, de nos jours, vient finir à Hoang-Hoa-Tien.

Ainsi, par la force des choses, on avait été amené à donner au Hounn-Ho l'aménagement temporaire que comporte sa puissance de dépôt, si l'on veut empêcher qu'une grosse partie de leur masse n'aille au Pei-Ho.

Mais le sud de la dépression qui existait entre Wang-Tsinn-Touo et Hoand-Hoa-Tien, a été, à son tour, presque complètement colmatée, si bien que, suivant la règle actuelle qui préside aux déplacements de cette rivière vers le nord, ne trouvant plus de pente du côté de son ancien thalweg mineur, elle est allée mélanger ses eaux à celles du Fong-Ho. (Croquis *e*.)

Autrefois, cette dernière rivière, issue du parc de chasse, et qui, après l'avoir quitté, coule parallèlement au Pei-Ho, allait joindre le Hounn-Ho au nord de Han-Kia-Chou, en suivant le bord ouest de la digue orientée nord-sud qui coupe la ligne du chemin de fer Tien-Tsinn - Pékin à neuf kilomètres au nord de Yang-Tsounn, au petit village de Siao-Ying. (Croquis *e*.)

Lors de la grande crue qui se produisit il y a douze ans, et au cours de laquelle le Hounn-Ho renversa la digue de sa rive gauche pour venir inonder la plaine, entre Wang-Tsinn-Touo et Hoang-Hoa-Tien, cette rivière vint buter sur le Fong-Ho, dans la partie jalonnée par les villages de Toung-Tcheou, Seu-Chang, Tchang-Chang, Nai-Fou-Tchoang.

La digue du Fong-Ho fut rompue en plusieurs endroits, dont un, très important, au sud de Toung-Tcheou.

Les deux rivières firent irruption dans la plaine comprise entre cette digue et celle de la rive droite du Pei-Ho.

Celle-ci ne put résister, et, par une brèche faite au

Young-tsin-shien
Hoei-yuan-tchoang
Siao-liou-tchoang
Hounn-Ho
Nan-li-ou
Hoang-hoa-tien
Siao-Ying
Toung-Tchéou
Yang-tsounn
Sel-chang
Tchoang-chang
Nai-Tou-tchoang
Cheu-kou-tchoang
Keue-yu-tchang
Sinn-Tchoang
Tchang-kia-tchoang
Pei-tsing
Wang-Tsing-toua
Tchoung-koou-tao
Han-kia-chou
Tien-Tsinn-miao
Ting-tzeu-Kou
Ta-Tsinn-Ho
Si-kou
Enceinte de Tien-Tsinn

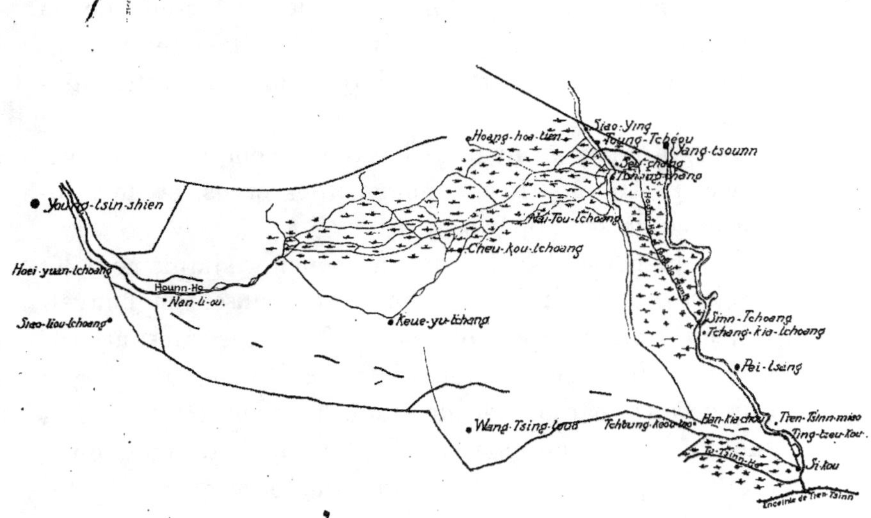

Croquis e.

sud du petit village de Sinn-Tchoang, le Hounn-Ho et le Fong-Ho, réunis, vinrent tomber dans le Peï-Ho.

Il en résulta la transformation en lac marécageux de toute la région comprise entre les deux digues précitées, car les dommages causés aux digues avaient été si importants, et l'indifférence chinoise à cet endroit fut si grande, que les digues ne furent, depuis, jamais réparées.

En disant indifférence chinoise, nous n'avons pas voulu affirmer que les Chinois se désintéressent de la question mais bien plutôt voulu dire qu'ils se résignaient à un mal qu'ils se sentaient impuissants à traiter aisément.

Les Chinois se sont fort bien rendu compte de la puissance du Hounn-Ho au moment des crues, et de l'importance de ses apports.

Ils ont pensé avec raison que boucher simplement les brèches ne servirait qu'à en faire creuser de nouvelles; qu'il était impossible, sans efforts gigantesques, de songer à faire reprendre au Hounn-Ho son lit d'il y a quinze ans, et que rien de stable ne pouvait être effectué, même en consentant à des travaux énormes, puisqu'ils ne procureraient qu'une amélioration momentanée, sans bénéfice de résultat durable.

D'autre part, l'étendue de son delta actuel donne au Hounn-Ho un champ de divagation tel, que ses alluvions, pour la plus grande partie, peuvent se déposer avant d'arriver au fleuve, et que, par conséquent, le danger d'ensablement qui menace le Peï-Ho, tout en existant toujours, est, au sens des Chinois, considérablement éloigné.

Nous examinerons plus loin cette question.

ÉTUDE DU DELTA PROPREMENT DIT

Superficie, masse

L'ensemble du delta, compté à l'ouest depuis l'épanouissement des digues, présente une superficie d'environ six cents millions de mètres carrés.

En estimant à deux mètres l'épaisseur moyenne du delta, et l'on est au-dessous de la vérité, on arrive au cube formidable de douze cents millions de mètres cubes, déposés là par le seul Hounn-Ho.

Si nous songeons que ces dépôts datent au plus de trente ans, nous obtenons une moyenne annuelle de quarante millions de mètres cubes d'all vions.

Pour fixer les idées, si nous admettons deux mètres comme profondeur moyenne du Pei-Ho, entre Yang-Tsounn et Tien-Tsin, et deux cent cinquante mètres comme largeur moyenne de son lit majeur, c'est-à-dire de celui qu'il possède aux plus hautes eaux, nous voyons, la distance entre les deux villes étant sensiblement égale à trente-trois kilomètres, que nous avons un creux de seize millions cinq cent mille mètres cubes, que les dépôts annuels du Hounn-Ho dans son delta pourraient combler près de deux fois et demie dans une année.

A ces quantités, il conviendrait encore d'ajouter les alluvions que transporte le Pei-Ho lui-même, lesquelles, sans qu'elles puissent être, à beaucoup près, mesurées par ces chiffres, sont cependant d'une quantité importante.

Actuellement, non seulement le lit du Pei-Ho n'a aucune tendance à se creuser en amont de Tien-Tsin, car il est bien entendu que nous ne parlons que de la partie du fleuve qui coule au nord de cette ville, mais encore il s'élève, annuellement, d'une façon notable.

Ne s'élèverait-il pas davantage, si le Hounn-Ho pouvait amener directement dans son lit les millions de mètres cubes qu'il dépose maintenant avant de le joindre? Et ce serait en partie le résultat qu'on obtiendrait, en limitant le Hounn-Ho mineur actuel entre deux digues assez rapprochées, ainsi qu'il en a été fait un projet.

La chose semble évidemment certaine, étant donné que la quantité d'eau amenée au Pei-Ho ne serait augmentée que dans de faibles proportions, conséquemment que la vitesse de courant du fleuve ne serait pas sensiblement accrue.

Le danger d'ensablement d'un fleuve n'est pas seulement la conséquence de la quantité d'apports sableux qui lui parviennent; il est surtout le résultat de son manque de courant.

Les apports du Hounn-Ho dans le Pei-Ho ne créeraient aucun péril, si ce fleuve était capable de les évacuer à la mer.

Nous nous proposons de démontrer qu'il est incapable de s'en débarrasser dans la partie de son cours qui s'étend depuis le confluent du Hounn-Ho jusqu'à Si-Kou.

Mais nous ajoutons bien vite que les conditions ne seraient pas analogues, si les mêmes apports, au lieu d'arriver au fleuve en amont de Pei-Tsang, lui parvenaient à Tien-Tsin même, ou en aval, car l'appoint d'eau amené en cette ville par le Ta-Tsinn-Ho grossi du Tseu-Ya-Ho, et par le canal impérial, vient forcément déterminer un accroissement considérable du courant du Pei-Ho, donc augmenter sa puissance d'évacuation.

Aspect

Aux hautes eaux, le delta est presque complètement submergé, et il a l'aspect d'un immense lac, de peu de profondeur moyenne, d'où émergent les tiges des sorghos, des joncs, des hautes graminées, les branches de bouquets d'arbres clairsemés, quelques tombeaux, un petit nombre de fours à briques, enfin les villages, tous bâtis sur de légers remblais.

C'est l'aspect ordinaire des nombreuses régions inondées du Pei-Tchi-Li.

Dans le centre et la partie nord du delta, où le colmatage s'effectue activement pendant chaque période de crues, les villages sont peu à peu noyés par les alluvions, gagnés et minés par les eaux.

Les habitants, chassés de leurs demeures, les démolissent une à une et les reconstruisent après avoir élevé le sol jusqu'à une hauteur où les eaux, pendant quelques années, n'atteindront pas.

Les bras multiples du Hounn-Ho sont invisibles au milieu de la masse liquide et les jonques ne peuvent utiliser leur cours pour un trafic régulier. Les lits sont alors suffisamment profonds, mais les rives sont sous l'eau, donc sans chemin de halage, et les faibles fonds des parties noyées voisines ne permettent pas d'utiliser la voile.

En saison sèche, le delta se présente sous l'image d'une immense plaine sableuse, où divaguent les nombreux rameaux du lit mineur du Hounn-Ho.

Ces ramifications sont d'une maigreur telle que souvent elles se perdent au milieu des sables. Ce sont des filets d'eau reliant des marécages ; ce sont des mares semées dans la plaine, des flaques, quelques trous où croupit l'eau.

Nature du sol

Elle varie, selon les régions, d'après la nature des dépôts qu'a effectués le Hounn-Ho.

Celui-ci charrie en effet du sable et du limon, qu'il dépose chaque année en nappes distinctes, séparées nettement les unes des autres.

Après chaque période de deux ou trois ans, un changement s'effectue dans l'emplacement des dépôts, au fur et à mesure que la rivière appuie, qu'elle fait un pas de plus dans son déplacement vers le nord.

Les habitants du pays donnent des noms particuliers à chacun de ces grands gâteaux de limon ou de sable, qui atteignent parfois jusqu'à plusieurs kilomètres dans chacune de leurs dimensions; ces noms sont purement locaux et ils servent aux indigènes à préciser les différents terroirs entre villages.

Il résulte de la superposition de couches limoneuses à des couches sableuses antérieures, ou inversement, un changement continuel dans l'utilisation des ressources agricoles du terrain. D'une manière générale, actuellement, toute la partie sud du delta est plutôt sableuse.

Le centre et le nord sont les parties où se remarquent le plus nettement cette division entre les dépôts limoneux et sableux.

Dans le milieu du delta, on rencontre de vastes étendues de terrain dont le sous-sol est marécageux.

Durant presque toute l'année, l'accès de ces régions est interdit aux chevaux et aux voitures qui s'y enfoncent et souvent y disparaissent.

Il n'est pas de village de quelque importance qui ne paye chaque année tribut à ces régions mouvantes, où en bien des points l'homme lui-même ne peut s'aventurer.

Digues

Les digues qui limitent le delta sont de diverse nature dans leur développement. Quelques rares parties sont assises sur bases de pierre, mais elles sont très peu nombreuses; quelques autres sont maintenues fixes au moyen de gros pieux, enfoncés profondément dans le sol.

La plupart sont constituées simplement par un remblai terreux, dépourvu d'ossature, et n'offrant par conséquent aux eaux qu'un obstacle d'une résistance insuffisante.

En un point de la rive droite du Hounn-Ho, situé à l'ouest du delta, au tout petit village de Hoei-Yuan-Tchoang, composé seulement de trois maisons, le lit même mineur de la rivière ronge constamment la digue. Elle a été renforcée par d'énormes massifs de fascines, mélangées de terre et fixées au sol par de forts et longs piquets. Malgré ces travaux de consolidation, l'état de la digue est très précaire, et la rivière, qui jouit à ce point d'un assez fort courant, y fera certainement brèche dans une année pluvieuse. Elle reprendra alors momentanément le chemin de Pa-Tchéou.

Il est bon de dire que, dans cette partie de son cours, le Hounn-Ho surplombe le pays de près de cinq mètres.

Voies de communication

Durant toute la saison mouillée, les digues seules sont à peu près utilisables pour le charroi par voitures ou brouettes.

Entre les villages de l'intérieur du delta, les communications s'effectuent par petits bateaux plats, calant, de dix à quinze centimètres avec une charge de trois cents kilos.

Durant la saison sèche, tous les villages sont reliés par des chemins dont le tracé change à chaque instant, selon la nature des dépôts alluvionnaires de l'année. D'autre part, ces chemins sont toujours labourés lorsqu'ils traversent des espaces cultivés.

Ce sont ces considérations qui ont fait que nous avons évité d'en marquer sur notre carte du delta proprement dit.

Au point de vue commerce fluvial, le Hounn-Ho actuel ne sera jamais, étant donné la mobilité de son cours et son peu de profondeur, une artère utilisable par la batellerie.

Ressources du pays

Elles sont de plusieurs sortes, et, en tant qu'agraires, elles varient, localement, en raison des modifications apportées par la rivière dans la nature de ses dépôts successifs.

Les parties limoneuses sont cultivées en riz, en maïs et en plantes maraîchères dans le voisinage immédiat des habitations.

Nous avons trouvé dans le delta une quantité de rizières relativement considérable, surtout dans la région qui s'étend entre Keue-Yu-Tchang et Cheu-Kou-Tchoang. Cette particularité nous a surpris d'autant plus que dans le voisinage de Tien-Tsin on ne trouve que peu ou point de semblables cultures.

Mais une grande partie du pays produit du sorgho, et une presque aussi grande part est le domaine des joncs ou des grandes graminées.

Pour permettre de faire une comparaison entre les différentes cultures, on peut dire que 1/10 du delta produit du riz, du maïs ou des plantes potagères; 5/10 du sorgho; 4/10 des joncs ou des grandes herbes.

Je mentionne ces derniers parce qu'ils sont l'objet d'un commerce assez considérable et qu'ils permettent, à eux seuls, de vivre à des villages entiers. Ces joncs ou ces graminées sont amenés en gerbes, par bateaux, sur des marchés spéciaux, tenus à proximité des fours, le long des digues; beaucoup viennent à Pei-Tsang et même jusqu'à Tien-Tsin. Ils servent au chauffage des fours à briques, à la confection des balais et des nattes grossières.

Epars parmi les plantations de maïs, on rencontre aussi quelques champs de mil, de seigle, d'orge et d͵ froment.

Enfin la pêche est une ressource de la population, qui trouve dans les bras et les mares du Hounn-Ho du poisson en abondance, une grande quantité de crevettes, des crabes énormes et des clovisses semblables à celles de nos plages.

Il n'est pas jusqu'à la chasse, qui ne vienne ajouter sa contribution aux revenus des habitants, soit qu'ils tirent le gibier, soit qu'ils le capturent au filet ou qu'ils le prennent au collet.

Au moment du passage des oiseaux de marais, il n'est pas rare de rencontrer des blancs d'eau aménagés pour la prise des oies et des canards; là, sur un kilomètre carré de surface, on ne trouve pas moins de trois à quatre cents collets, noyés sous quelques centimètres d'eau.

Toutes ces ressources permettent à une population relativement nombreuse, puisque le delta compte plus de deux cent cinquante villages, de vivre dans un pays qui semble tout d'abord désolé.

Il y a même, signe de richesse en Chine, quelques gros villages, tels que Wang-Tsinn-Touo, Keue-Yu-Tchang, Cheu-Kou-Tchoang, Hoang-Hoa-Tien, qui possèdent des monts-de-piété importants. Dans beaucoup on rencontre des habitations confortables, dénotant une existence plus qu'aisée.

A côté de ceux-là, on en trouve, il est vrai, d'absolument misérables, presque submergés par les eaux, et qui offrent le spectacle lamentable de populations vivant dans un marécage, sous des toits dont les murs pourris sont à demi-effondrés. Mais il faut ajouter qu'ils sont peu nombreux, et que si l'ensemble de la région ne respire pas la richesse, il ne se présente pas non plus sous les pires aspects.

Etudes des conséquences des apports du Hounn-Ho dans le Pei-Ho. Discussion des moyens à employer pour y remédier.

Après avoir étudié la marche du Hounn-Ho pendant ces cinquante dernières années, nous avons constaté la courbe progressive qu'il décrit dans le déplacement de son cours inférieur.

Nous pouvons remarquer que, depuis cette époque, il semble pivoter du sud au nord, autour d'un axe qui passerait à l'ouest de Kou-Ngan-Shien (croquis F).

D'autre part, nous avons démontré que cette marche était due aux matériaux considérables que charrie et dépose ce cours d'eau.

Nous en avons conclu que, par suite de ses apports, cette rivière, dans sa situation actuelle, devenait un danger pour les espoirs que l'on fonde sur l'avenir du Pei-Ho, au point de vue commerce fluvial, entre Tien-Tsin et la mer, ainsi que nous nous proposons de l'expliquer plus loin.

La question du Hounn-Ho se présente donc sous la forme d'un problème assez difficile à résoudre.

D'une part, il inonde régulièrement un territoire immense que de ce fait il n'enrichit pas; de l'autre, il menace d'abord d'ensabler le Pei-Ho, en amont de Tien-Tsinn, ensuite de le faire changer de cours, et, conséquemment, de porter un dommage sérieux au port fluvial de Tien-Tsin, dommage que l'aménagement du canal de Lou-Tai ne pourrait qu'imparfaitement réparer.

Nous avons vu que si le Hounn-Ho n'enrichit pas les régions qu'il inonde, il ne leur cause cependant pas un préjudice tel que l'existence des populations qui vivent sur son territoire soit vouée à la ruine.

Il s'en suit que l'assèchement du delta, étant donné ses ressources de toute nature, ne donnerait pas à son sol une plus-value capable de compenser les dépenses considérables qu'occasionnerait son assèchement résultant du projet auquel nous avons déjà fait allusion plus haut, c'est-à-dire de la construction de deux digues le traversant de l'Ouest à l'Est.

Admettons qu'on laisse les choses subsister telles qu'elles sont actuellement.

Le Hounn-Ho apporte encore au Pei-Ho beaucoup d'alluvions, et si dans la partie basse de son cours, entre Tien-Tsin et Tong-Kou, le fleuve n'en souffre pas, il n'en est pas de même en aval du confluent du Hounn-Ho, marqué par le village de Sinn-Tchoang (croquis *c*).

En effet, au cours de nos travaux hydrographiques, nous avons remarqué que tout le lit majeur du Pei-Ho, rive gauche, était considérablement élevé au-dessus de la plaine qui s'étend à l'Est, en particulier dans le voisinage du village de Tchang-Kia-Tchoang et en aval (croquis *c*). C'est une preuve que, pendant la période des hautes eaux, les alluvions qui arrivent au fleuve dans cette partie sont encore plus considérables que celles qu'il peut entraîner.

Or, chaque année moyenne, le lit majeur du Pei-Ho

s'élève d'une dizaine de centimètres, au dire des riverains, qui précisent bien que, pendant les années exceptionnelles, l'accroissement est beaucoup plus considérable.

Il serait, croyons-nous, intéressant d'effectuer, dans le voisinage de Sinn-Tchoang, une série de sondages destinés à obtenir, sur une longueur de plusieurs kilomètres, jusqu'au village de Tien-Tsinn-Miao par exemple, un profil en long du lit mineur du Pei-Ho.

Nous sommes persuadé que, par analogie au lit majeur, on trouverait, en aval de Sinn-Tchoang, non pas une simple bosse, mais un dos d'âne très accentué et s'étendant fort loin.

Des observations poursuivies pendant quelques années sur les deux lits, majeur et mineur, donneraient la moyenne d'accroissement annuel du dos d'âne et permettraient de fixer approximativement l'époque où ce phénomène prendra des proportions telles qu'il interviendra pour modifier la direction du Pei-Ho.

En effet, que résultera-t-il de la situation actuelle? Les dépôts alluvionnaires s'accumulant peu à peu en aval de Sinn-Tchoang, le dos d'âne s'accentuera, et il croîtra progressivement jusqu'au jour où il deviendra une gêne à l'écoulement des eaux vers Tien-Tsin.

Alors le fleuve ne tardera pas à se frayer un débouché vers l'Est, en brisant la digue de sa rive gauche. Il ira vers le Ta-Ho-Tien, abandonnant la route de Tien-Tsinn, et prendra ou coupera le canal de Lou-Tai, pour se rendre à la mer par une direction où la pente l'appelle, à travers une plaine basse et sablonneuse, qu'il connaît déjà pour y avoir accidentellement passé, et où son courant n'aura aucune difficulté à lui creuser un lit définitif. (Croquis C.)

Si les choses restent ce qu'elles sont aujourd'hui, c'est

un phénomène qui doit logiquement se produire, à une époque assez rapprochée.

Supposons maintenant que nous endiguions le Hounn-Ho à travers son delta et que nous l'envoyions directement au fleuve.

Nous asséchons, il est vrai, une très grande étendue de terrain; mais, d'autre part, sans compter que, par suite des dépôts, nous serons constamment obligés de surélever les digues et que cette surélévation a une limite, nous jetterons au Pei-Ho, en amont de Tien-Tsinn, c'est-à-dire dans une partie où il a peu d'eau et une puissance d'évacuation faible, une quantité d'alluvions beaucoup plus considérable que celle qui y arrive maintenant. Nous envasons le Pei-Ho à très brève échéance et nous hâtons probablement de quelques années la date du phénomène dont nous venons de parler, la divagation du Pei-Ho vers la mer par le Ta-Ho-Tien. De ce seul raisonnement, il résulte que, puisque de toute façon rapprocher le Hounn-Ho du Pei-Ho, en amont de Tien-Tsin, est dangereux, la solution qu'il convient d'adopter est de chercher à le déverser soit à Tien-Tsin même, soit en aval.

Durant presque tout son cours moyen, le Hounn-Ho surplombe le pays qu'il traverse, et il nous semble possible de lui trouver une dérivation aisée, par le Ta-Tsinn-Ho, par exemple, qui répondrait à ce desideratum.

Dans la région du Kou-Ngan-Shien, point où la rivière quitte brusquement la direction sensiblement Nord-Sud pour appuyer vers l'Est, il existe plusieurs thalwegs parallèles qui pourraient être utilisés, soit tous, soit l'un seulement d'entre eux, pour la dérivation du Hounn-Ho.

L'un, le plus à l'Ouest, est le Pei-Keou-Ho, du reste ancien lit du Hounn-Ho, mais actuellement en contre-

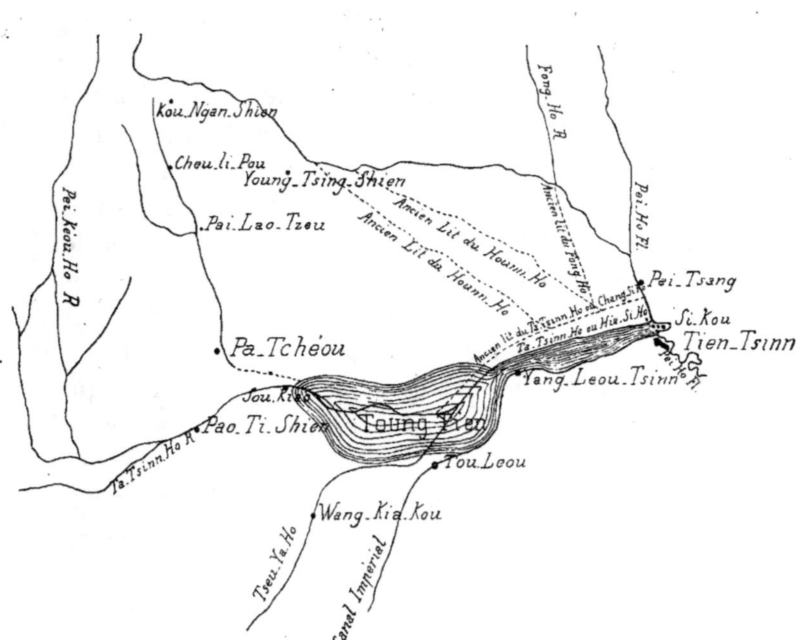

Croquis F. — Derniers lits du Hounn-Ho et des thalwegs de dérivation que l'on pourrait utiliser.

bas du nouveau lit. Il est éloigné de moins de cinq kilomètres du Hounn-Ho, dans la partie supérieure de son cours, au nord-ouest de Kou-Ngan-Shien. (Croquis F.)

Un autre, encore un ancien lit, jalonné par les villages de Cheu-Li-Pou, Pai-Lao-Tzeu, Pa-Tcheou, est le plus à l'Est. Il part du voisinage immédiat du Hounn-Ho lui-même, dont il n'est séparé que par quelques centaines de mètre.

Un troisième thalweg enfin existe entre les deux, aboutissant, ainsi que le dernier, près du Ta-Tsinn-Ho; mais il n'est pas continu, il faudrait en relier les divers tronçons.

C'est par les deux premiers, croyons-nous, qu'il serait peut-être profitable de chercher la voie de cette dangereuse rivière, car sans grosses dépenses, sans construction de digues neuves, on pourrait envoyer le Hounn-Ho dans des régions qu'il a autrefois parcourues, mais qu'il surplombe maintenant.

Il arriverait ainsi au Ta-Tsinn-Ho soit par le Pei-Keou-Ho, directement, soit par le thalveg plus à l'Est, celui qui passe à Pa-Tcheou, que l'on prolongerait jusque dans le voisinage de Pao-Ting-Shien.

Le Hounn-Ho ferait, de la sorte, un détour beaucoup plus considérable que maintenant, mais il le ferait ayant reçu l'appoint de plusieurs rivières, par conséquent roulant un volume d'eau plus grand.

D'autre part, il aurait à sa disposition de vastes dépressions pour déposer ses alluvions. Nous voulons parler du chapelet de lacs marécageux qui commence vers Sou-Kiao, pour se continuer par le Toung-Tien sans interruption jusqu'à Si-Kou, aux portes mêmes de Tien-Tsin. (Croquis F.)

Le Hounn-Ho, mêlé au Ta-Tsinn-Ho, aurait, d'autre part, plus de facilité pour charrier ses matériaux.

Dans un seul lit, il y aurait beaucoup plus d'eau, pour

une quantité de sable égale, étant posé que le Ta-Tsinn-Ho ne charrie pas.

Le sable apporté de la sorte jusqu'à Tien-Tsinn ne présenterait pas certainement les mêmes inconvénients qu'amené, par le seul Hounn-Ho, en amont de Pei-Tsang.

Il faut, en effet, faire intervenir l'augmentation de courant résultant pour le fleuve de l'apport d'eau du Ta-Tsinn-Ho et du Tseu-Ya-Ho.

Nous répétons que telle quantité de limon ou de sable, que le Hounn-Ho et le Pëi-Ho seuls ne peuvent déplacer, serait peut-être évacuée facilement à la mer, avec l'aide des eaux de rivières du Tcheng-Ting-Fou et du Pao-Ting-Fou, dont nous venons de parler, et auxquelles il convient d'ajouter aussi l'appoint que vient fournir le canal impérial.

Le canal impérial qui, en période sèche, a un débit assez faible, roule, pendant toute la saison des pluies, un volume d'eau assez considérable.

De toute façon, la question du Hounn-Ho, résolue dans le sens que nous venons d'indiquer, aurait un double résultat.

D'abord assécher, sans frais aucuns, tout le delta actuel; ensuite éloigner, sinon pour toujours, du moins pour de longues années, le danger qui menace dans son existence même le port de Tien-Tsin.

Tien-Tsin, Février 1902.

FIN

TABLE DES MATIÈRES

Etude du delta proprement dit.

Paris et Limoges. — Imp. milit. Henri CHARLES-LAVAUZELLE.

Librairie militaire Henri CHARLES-LAVAUZELLE
Paris et Limoges.

Instruction spéciale des éclaireurs d'infanterie, par le lieutenant J.-M. Franceschi, du 137ᵉ régiment d'infanterie. — Volume in-8° de 112 pages, avec 16 croquis dans le texte.......................... 2 »

Manuel des candidats de toutes armes aux différents grades d'officier dans la réserve et dans l'armée territoriale. Programme développé des connaissances exigées par le décret du 16 juin 1897. — Volume in-18 de 708 pages, avec 280 croquis dans le texte.................. 4 »

Instruction pour les éclaireurs d'infanterie. Brochure in-32 de 48 pages, avec un tableau de signaux pour la transmission optique............ » 75

Clauzewitz. — **La Campagne de 1814 en France,** traduit de l'allemand par G. Duval de Fraville, chef d'escadron d'artillerie breveté, instructeur d'équitation à l'Ecole d'application de l'artillerie et du génie. — Volume in-8° de 166 pages, une carte..................... 3 50

Les corps francs dans la guerre moderne, — Les moyens à leur opposer, étude historique et critique sur l'attaque et la défense des voies de communication et des services de l'arrière, par le capitaine V. Chareton. — Vol. in-8° de 260 pages, avec 9 croquis dans le texte.. 4 »

Général Galliéni. — **Rapport d'ensemble sur la pacification, l'organisation et la colonisation de Madagascar** (octobre 1896 à mars 1899). — Volume in-8° de 628 pages............................ 7 50

Souvenirs de Madagascar, par le lieutenant Langlois. — Volume in-8° de 192 pages. 37 croquis..................... 3 50

Campagne de 1866, étude militaire rédigée conformément au programme des examens d'admission à l'Ecole supérieure de guerre, par C. de Renémont.

Tome Iᵉʳ. **Opérations en Bohême.** — Volume in-8° de 390 pages avec 20 cartes ou croquis dans le texte..................... 7 50

Tome II. **Opérations sur le Mein, en Italie et en Tyrol.** — Volume in-8° de 368 pages avec 14 croquis dans le texte..................... 7 50

Troubles et émeutes. — Recueil des documents officiels indiquant les mesures à prendre par les autorités civiles et par les autorités militaires, par J. Saumur, officier d'administration de 1ʳᵉ classe d'état-major. — Volume in-32 de 88 pages..................... » 50

École régimentaire de tir à l'usage des officiers et sous-officiers d'infanterie, par le commandant breveté Allegret, du 4ᵉ tirailleurs algériens. — Volume in-8° de 140 pages avec 11 figures dans le texte. 3 »

L'Infanterie perd son temps, par le général Ch. Philebert. — Brochure in-18 de 78 pages..................... 1 50

Carnet-agenda du sergent de tir. — Volume in-18 de 152 pages... 1 50

Les cartouches et le caisson d'infanterie. — Volume in-32 de 100 pages avec figures, broché, » 50 ; relié..................... » 75

Notre fusil, par le général Luzeux. — Brochure in-8 de 44 pages.... 1 »

Traité pratique de l'escrime à l'épée de combat sur le terrain, par E. Darbon, maître d'armes au 23ᵉ chasseurs, ex-sergent maître d'armes à l'Ecole de Saint-Cyr. — Brochure in-12 de 36 pages.............. » 60

Escrime de chambre, méthode pour s'exercer seul à faire des armes, par le commandant E. T. — Fascicule in-32 de 24 pages.............. » 25

Méthode d'enseignement de l'escrime avec l'épée de combat. Jeu de terrain, par M. Serpette, maître d'armes au 5ᵉ régiment de hussards. — Brochure in-18 de 80 pages, avec 12 photogravures.............. 2 »

Le catalogue général de la Librairie militaire est envoyé gratuitement à toute personne qui en fait la demande à l'éditeur Henri CHARLES-LAVAUZELLE.